세상 부러울 게 없다

한 종 수 첫 시집

# 머리글

시를 읽고 쓴다는 것이 남의 일인 줄 알고 살았다. 그동안 시에 대한 관심도 별로 없었고 시집 한 권 변변히 읽어 본 적도 없었던 것 같다.

시인대학이 무슨 도깨비 방망이인가? 시인대학을 수료하면 시집 한 권이 뚝딱 생긴다고 하니… "이게 가능해? 어떻게 가르치길래?"라는 의구심에 아무 생각 없이 시인대학 문을 두드리게 되었다.

첫 수업 시작하는 날 시인대학 선배들의 시인 되심을 축하한다는 말이 참 낯설게 들린 것도 사실이다. 그렇지만 매주 시 5편 이상 써야 하는 숙제의 부담에도 박종규 교수님의 열강과 지도에 비교적 무리 없이 10주간을 보낸 것 같다.

내가 시집을 낸다는 것이 믿기지 않고 아직 미숙한 단계이지만 10주 과정을 마친 후 나름대로 시 쓰기에 대해 정리해 보았다.

시는 '더듬어 보기'로 시작한다.
나의 과거의 추억을 더듬어 보고 다른 시인의 시를 훔쳐보기도 하면서 시 쓰기는 시작되는 것 같다.

시는 '그려보기'이다.
상상도 해보고 뻥도 쳐 보면서 이야기를 만드는 과정에서 시가 써진다고 생각한다.

시는 '만져보기'이다.
실제 현장에 가서 보고 듣고 느끼고 깨달아야 간절한 시를 쓸 수 있는 것 같다.

마지막으로
시는 '사랑하기'이다.
꿈에서 시를 쓸 정도로 시에 대한 열정과 사랑이 있어야 시 한 편이 멋지게 탄생하지 않을까 생각한다.

이렇게 볼 때 시를 배우고 또 써나갈 때는 네 단계를 거치면서 성장해 가는 것이 아닐까? 그래서 그동안 쓴 시를 다음과 같이 나누어서 실었다.

1부 詩 더듬어 보기_'광교산 자락길' 외 14편
2부 詩 그려보기_'봄의 자태' 외 14편
3부 詩 만져보기_'여명' 외 14편
4부 詩 사랑하기_'동병상련' 외 13편

먼저 저에게 첫 번째 선물로 주신 하나님께 감사와 영광을 드린다.

그동안 깨우침을 주신 박종규 교수님께 감사드리고, 사랑하는 아내가 함께해서 더없이 즐겁고 행복한 시간이 되었던 것 같다.

아내와 더불어 경남, 홍비, 선호, 길우 아들, 딸 부부와 찬수, 소유, 제이 예쁜 손자, 손녀와 이 기쁨을 나누고 싶다.

졸작이라 쑥스럽지만,
기쁜 마음으로 세상에 내놓는다.

                      2025년 6월 비 오는 날 아침에
                              시인 한 종 수

차 례

머리글/ 4

제1부 詩 더듬어 보기/ 13

무지개/ 15
어머니/ 16
시골집/ 18
쉼표/ 20
세상 부러울 게 없다/ 22
지하철과 승객/ 24
광교산 자락길/ 26
하나 더/ 28
가장 아름다운 소리/ 30
흔적/ 31
콩나물국/ 32
아버지/ 34
대맥 운기/ 36
낚시/ 38
크루즈/ 40

제2부 詩 그려보기/ 43

반려견/ 45
끝눈/ 46
아름다운 소리/ 47
월화수목금금금/ 48
웃음/ 50
봄의 자태/ 52
얼굴/ 54
풍경/ 56
춘곡이 간 그 길/ 58
노인/ 59
동창_열치매/ 60
하늘/ 62
해바라기/ 64
친구/ 65
노을/ 66

제3부 詩 만져보기/ 69

홍매화_디카시/ 71
똥줄/ 72
깨달음/ 74
매화_디카시/ 75
우리 동네 정평천/ 76
장수동 종점/ 78
여명/ 80
화개산 모노레일/ 82
사이판/ 84
우유니 사막/ 86
지수승산마을/ 88
엘리베이터/ 90
북촌마을/ 91
화동(花童)/ 92
보석/ 94

4부 詩 **사랑하기**/ 95

동병상련/ 97
공감/ 98
묘비명(1)/ 100
묘비명(2)/ 101
마음 껍데기/ 102
치유와 회복/ 104
부활절 시계/ 106
석정보름 우물/ 108
귀천/ 110
초봄/ 111
창경궁 백송/ 112
논개/ 114
시인대학_사행시(1)/ 116
시인대학_사행시(2)/ 117

에필로그/ 118

제1부 詩 더듬어 보기

무지개
어머니
시골집
쉼표
세상 부러울 게 없다
지하철과 승객
광교산 자락길
하나 더
가장 아름다운 소리
흔적
콩나물국
아버지
대맥 운기
낚시
크루즈

무지개

잡힐 듯 말 듯
미친 듯이 따라가다

좌판에 눈깔사탕
파란 사각 통 아이스께끼

침만 흘리며
돌아온다

어머니

아침에 눈 뜨면
늘 비어있는 안방

안방에 들어서면
늘 홀로 자리하고 있는 밥상

밥상 위에는
늘 콩나물국

학교 가는 가방 속엔
늘 덴푸라 반찬

늘 늘 늘
연속되는 반복 속에서
변함없는 사랑이
있었다는 걸
이제야 깨닫는다

시골집

엄마의 어린 시절
가득 품은 그곳

방학이면 하루 종일
달려가는 그곳

여름에는 도랑에서
미꾸라지 건져내고

겨울에는 아궁이 속
나뭇가지 춤추게 한다

낮에는 형들이랑
우마차 타고 십 리 길
5일장 마실 다니고

밤에는 형들이랑
이웃집 부뚜막 항아리 속
막걸리 훔쳐 마신다

시골집은
나의 어린 시절을
풍성하게 채워준
마음의 본향이다

쉼표

산에 오르면
쉼표가 날 반겨 주고

물속에 들어가면
쉼표가 호흡하고

학교에 가면
쉼표가 연기를 피고

군대에 가면
쉼표가 꿀맛이 된다

젊은 시절
어깨에 짧은 쉼표 걸렸는데
나이 드니 다리에 쉼표가 길어지는구나

영원한 쉼표
나에게 오기 전에
가족에게 멋진 쉼표 나눠 줘야겠다

세상 부러울 게 없다

하나가
둘이 만나
넷을 만들고

둘이
둘을 만나
여덟이 되었다

어느새 사진 가운데 자리한
우리 부부

가장자리에서 가운데로
무려 65년이 걸렸다

아들 며느리
딸 사위
손자 손녀
그리고 우리 부부

카메라 셔터 소리와 동시에
환히 웃음 짓는다

세상 부러울 게 없다

지하철과 승객

나는 지하철
당신은 승객

당신은 구둣발로 나를 짓밟습니다
나는 당신을 품고 땅속을 달려갑니다
나는 당신을 품으면
깊으나 얕으나
복잡한 도심이나 달려갑니다

만일 당신이 아니 오시면 승객을 태우고
하루 종일 돌아다니며 당신을 기다립니다

당신은 목적지 역에 도착하기만 하면
나를 돌아보지도 않고 가십니다 그려
그러나 당신이 언제든지 오실 줄만은 알아요
나는 당신을 기다리면서 날마다 날마다 닳아갑니다

나는 지하철
당신은 승객

*한용운의 '나룻배와 행인'을 패러디함.

광교산 자락길

다람쥐 뛰어놀고
아기 주먹보다 작은 박새 소리

나무의 몸통 사이로
스며드는 여름날의 햇살

여기저기 짖어대는 풀벌레 소리
짓뭉개진 꽃들을 보며
다녀간 산짐승의 흔적을 엿본다

벌레도 짐승도 사람도
무수히 거쳐 갔건만
조건 없이 품에 안는다

내 마음의 자락길에도
한약처럼 쓰디쓴
해바라기처럼 밝은
만남과 인연이 스쳐 갔지만

남은 생
조건 없이 품에 안고
광교산 자락길을 닮아가야겠다

하나 더

하나 더 읽고
하나 더 쓰고
하나 더 베끼고

하나 더 듣고
하나 더 관찰하고
하나 더 생각하고

이 하나하나가 모여
새싹이 돋아나고
꽃망울이 터지는 단어가 되고

그 하나하나가 모여
열매를 영글고
삶의 에너지가 되는 시가 태어난다

어느 노교수의 열정으로
시집이 하나 더 만들어지고
시인이 하나 더 늘어난다

가장 아름다운 소리

깊숙한 골방 안 그윽한 밤에
아름다운 여인의 치마 벗는 소리
아름다운 소리지만

아늑한 침대에서
똘망똘망한 눈으로 엄마를 쳐다보는
환한 미소의 아기 웃음소리가
가장 아름다운 소리
아니겠는가

흔적

소변기 위에 걸린 글
"흔적을 남기지 마세요"

화장실을 슬며서
도둑처럼 다녀가란다

콩나물국

어머니는 새벽부터
시장으로 일하러 가신다

안방에서는 밥과 함께
말간 콩나물국이
늘 나를 기다린다

어린 시절
세상에 국은
콩나물국뿐인 줄 알았다

그 콩나물 국을 닮았나
나의 몸은 길어지고
나의 마음은 맑아졌다

어머니의 정성으로
몸이 건강해지고

어머니의 사랑으로
마음이 건전해졌다

어머니의 콩나물국
새삼 그리워진다

아버지

다리 건너 초등학교
국경을 넘나드는 학구열

고향 의주의 작은 시골 마을
학교가 없어 보따리 둘러메고
이웃 동네 중국학교에 다녔다

입에 풀칠하기 위해
초등학교 문턱만 밟아본 채
중국 땅은 삶의 전선이 되었다

척박한 이국땅에서
장사꾼으로서의 생활은
무에서 유를 창조하는
평생의 강인한
삶의 원천이 되었을 터

혈혈단신 남하해서
맨손으로 삶을 개척하고
가정을 꾸리고
5남매를 부양하느라
무릎관절이 다 닳으셨다

인공관절 수술 후
재활훈련을 이겨내지 못하고
침대에서 생을 마감하셨다

그리운 고향 땅
당당하게 걸어서 가고 싶었는데

눈이 부시게 맑은 날
하늘나라에서
고이 내려 보소서

대맥 운기

단전에 쌓인 기가 넘쳐
통로를 따라 원을 그리며
한 바퀴 돈다

혈 자리를 뚫으려
물밀듯이 거세지만
차분하게 몰려간다

좌대맥은 첫 번째 관문
도달했다고 끝나는 것이 아니라
채우고 또 채워야 한다

흘러 흘러 도달한 곳은 명문혈
강한 기운을 느껴야
앞으로 나갈 수 있다

갈수록 기감은 떨어지고
약해진 기의 흐름은
우대맥을 찾기도 버겁다

기운을 차리고 정신을 집중해서
단전에서 계속 밀어내다 보면
자연스레 통과하게 된다

원점 회귀는 난공불락이다
단전으로 건너가야만 할 기
위아래로 빗나간다

가늘어질 대로 가늘어진
마지막 기의 흐름은
화룡점정을 위해 치닫는다

단전에 도달하는 순간
대맥 운기는 아우토반이 되어
기의 흐름이 초고속으로 변한다

운기의 첫 번째 관문을 통과함으로
상하 음양의 연결을 이루게 되고
나의 마음은 더욱 안정되어 간다

*단전호흡 기수련 3단계를 마치면서…

낚시

엄마가 준 십 원
동생들과 나눈다

나는 큰 형, 내 몫은 4원
낚싯대, 줄, 바늘, 뽕
각각 1원씩

동네 친구들과 발걸음도 가볍게
월미도 갯벌로 향한다
미끼는 갯지렁이
갯벌에서 자급자족한다

갯바위에 올라서서
바닷물 향해 힘차게
낚싯줄 던지고

그 순간
짜릿한 손맛과 함께
망둥이가 펄떡대며
튀어 오른다

낚시의 묘미는
손맛에 있음을 터득하고
물이 다 빠지도록 즐기고
잡은 고기는 고향으로 돌려보낸다

썰물 때
우리는 옷에 묻은
갯벌 흙은 씻어내고
보무도 당당하게
집으로 돌아온다

위험한 바다에
놀러 가는 것을 금지한
아버지에게 들켜
혼찌검 나면서
우리의 낚시 소풍은
막을 내린다

크루즈

나는 빌딩이다
15층 승강기가 오르내리는 나는
고층 빌딩이다

나는 체육관이다
헬스 탁구 수영을 즐기게 하는 나는
실내체육관이다

나는 식당이다
온 세상 음식을 제공하는 나는
글로벌 식당이다

나는 극장이다
밤마다 노래 춤 마술을 공연하는 나는
극장이다

나는 도시다
모든 걸 다 갖추고 있는 나는
하나의 도시다

제2부 詩 그려보기

반려견
끝눈
아름다운 소리
월화수목금금금
웃음
봄의 자태
얼굴
풍경
춘곡이 간 그 길
노인
동창_열치매
하늘
해바라기
친구
노을

반려견

인간과 동물 사이에
강이 있다

건널 수 없는 강에
감정과 본능이 대립한다

그러나
강물에는
사랑과 우정이 섞여 흐른다

끝눈

매화 산수유도 피었고
개나리도 얼굴을 내밀고
동백은 이미 집으로 돌아가고 있는데

뿌연 하늘에
하얀 가루가 춤춘다

겨우내 춤 공연 아직 안 끝났다고,
하늘 보자기에 흰 가루 아직 남았다고,
흰 가루 뿌릴 체력 아직 고갈되지 않았다고,

누구를 향하여 아우성치는 건지
누구 때문에 변덕을 부리는 건지

고이 접어 넣어둔
겨울옷 꺼내 입고
하늘만 쳐다 본다

아름다운 소리

너는 어디 있다
지구 별에 왔니

엄마 보러 왔니
아빠 보러 왔니

엄마 보며 방긋
아빠 보며 방긋

사랑 애교 가득
아기 웃음 소리

월화수목금금금

지금의 금요일은
이틀간의 짜릿한
휴식을 꿈꾸며 설레는 날

아무리 고단해도
아무리 일이 힘들어도

청량제를 마신 듯
정신이 말짱하고
힘이 솟는 金같은 날이다

대학졸업 후 가슴 벅차게
출발했던 직장생활

주말에는 오히려
5일간의 피로가 겹겹이 더 쌓이고
가족들과 단란한
주말 나들이는 꿈도 꾸지 못하는

예전의 금요일은
禁해야 마땅한 날이었다

월화수목金禁禁은
우리나라 성장사의 한 단면이다

웃음

당신은 허리를 꺽어
배를 아프게 하고

당신의 얼굴에는
침을 못 뱉고

당신의 집에는
복이 들어오고

당신은 모든 병의
근원 치료가 가능한 명의다

당신과 함께
하루를 시작하면
삶의 에너지가 충만해지고
건강과 사랑이 따라온다

돈 들이지 않고도 얻을 수 있는
당신의 이름은 웃음

봄의 자태

풋풋한 향기를
붓으로 찍어 바르고

싱싱한 바람을
빗으로 쓸어 내린다

연한 녹색의 잎들이
소풍 온 듯 재잘거리고

형형색색 수줍은 꽃들이
햇살 가득 웃음을 보낸다

나비들이 둥실둥실
바람을 구름 삼아 떠돌고

벌들이 꽃 속을
제집인 양 드나든다

봄의 신선함을
만끽할 수 있음은

자연이 내게 준
큰 축복이다

얼굴

사랑의 눈빛은
태양보다 강렬해서

입보다 더 빨리
눈으로 말한다

행복의 표정은
보름달같이 환해서

귀보다 더 빨리
마음으로 듣는다

은혜의 기쁨은
눈물 콧물로
그 느낌을 발산하고

꿈과 소망은
내면의 보이지 않는 곳에서
희망으로 노래한다

우리의 얼굴에는
빛의 속도보다 빠른
반응 에너지가 숨어 있다

풍경

짙푸른 하늘 속
물고기 한 마리 떠 다닌다

바람 따라 출렁출렁
적막의 산사를 깨우고

은은한 소리의 향기에
산사가 환하게 빛이 난다

새들이 시샘하듯
울음소리 잦아들고

꽃들은 보조를 맞추듯
같은 쪽으로 살랑거린다

365일 눈을
뜨고 있는 물고기

스님의 수련을
감시하고 있는 걸까

목탁 소리와 어울려
몸과 마음이 차분해진다

춘곡이 간 그 길

남이 가지 않는 길
험하고 위험하고

새로 만드는 길
힘들고 난관이 많고

혼자서 가는 길
외롭고 쓸쓸하다

그렇더라도
선각자는
나만의 길을 걷는가 보다

*25년 5월 1일 한국인 최초의 서양화가 춘곡 고희동 가옥 방문

노인

이웃집
노인이 돌아가셨다

도서관 하나
사라졌다고

3일 동안
이용자가 다녀갔다

동창_열치매*

구름 장막을 열치매
얼굴을 내민 달이
흰 구름 위에 떠가고

이슬 머금은 바람을 열치매
벚꽃이 비가 되어 내린다

희뿌연 안개를 열치매
에메랄드 빛깔 물결이 넘실대고

그을린 피부색 미닫이를 열치매
시원한 바람이 쏟아진다

답답한 가슴을 열치매
서먹함과 미움이 사라지고

닫혔던 마음을 활짝 열치매
우정과 사랑이 지속된다

열치매라는 울타리 안에서
우리는 함께 만나 여행도 하고
웃고 즐기며 45년을 함께했다

*열치매는 "구름 장막을 열치매 얼굴을 내민 달이 흰 구름 위에 떠가고"로 시작되는 신라 향가 찬기파랑가에 나오는 말로 '열어젖히매'라는 의미를 지니고 있음.
*열치매는 대학 같은 과 동창 모임 이름으로 친구 함진호가 작명, 대학 졸업 후 부부 모임으로 지금까지 계속되고 있음.

하늘

천장에
파랑 색종이로 도배하고

빨강 전등 하나
띄워 놓는다

무리 진 하얀 양들은
바람에 사뿐사뿐 떠밀려 가고

검은 색깔을 띤 늑대들이
성난 얼굴로 몰려온다

양을 잃은 슬픔에
색종이는 잿빛으로 변하고

전등을 끈 채
굵은 눈물방울을
대지에 하염없이 뿌린다

눈물은 강물이 되어
늑대들은 떠내려가고

눈물이 메말라지면
색종이는 더 파랗게 빛나고
전등은 더 **빨간** 빛을 발한다

하늘은
기쁨과 슬픔을 선사해 주며
마음을 흔드는 연극배우다

해바라기

바라볼수록
행복이
알알이 영글고

뜨거워질수록
해를 향한
사랑이 익어간다

우리 부부도 그렇다

친구

학창 시절
영원할 것 같았던
우리의 우정

서로 다른 직장
서로 다른 부부
서로 다른 직업
서로 다른 환경

어느새 꿈속에서나
만나는 사이가 되었다

노을

파란 하늘에
단풍이 들기 시작하면

흰 구름은 낙엽이 되어
멀리 섬 위에 똬리를 튼다

갈매기 한 마리
떠나는 길 아쉬워
붉은 해에 자기 몸을 새기고

백사장에 게 한 마리
칼날 같은 햇빛에 놀라
갯벌 구멍으로 숨는다

바다에는 어선 한 척
유유자적 흘러가고

갯바위엔 낚시꾼
주섬주섬 낚시도구 거둔다

붉게 물든 노을로
긴 하루가 평화롭게 저물고
내 마음에도 평안이 깃든다

제3부 詩 만져보기

홍매화_디카시
똥줄
깨달음
매화_디카시
우리 동네 정평천
장수동 종점
여명
화개산 모노레일
사이판
우유니 사막
지수승산마을
엘리베이터
북촌마을
화동(花童)
보석

홍매화

겨울을 아련하게
떠나보내려나?

수줍은 새색시
활짝 웃는다

*2025년 3월 11일 봉은사 영각

똥줄

오늘은 친구들 부부와
일본 여행 떠나는 날

춘삼월 피는 꽃 시샘하듯
새벽부터 내리는 눈

택시는 씨가 말랐나 보다
외진 곳 우리 동네

길게 늘어선
공항버스 대기 줄

가까스레 탄 버스에
날아드는 문자메시지

몇 시쯤 도착하냐
우리는 탑승구 앞 대기 중

하필이면 우린 2터미널
돌고 돌아가는 길 백 리 길

캐리어 들고 달음박질
30분 전 마지막 체크인

내 생애 가장 긴
똥줄을 즐겼다

깨달음

산
올라가 봐야 시원하고
내려가 봐야 푸근하다

바다
들어가 봐야 황홀하고
나와 보아야 소중하다

우리는
겪어 보아야 깨닫는다

매화

계절과 계절의 경계선
꽃이 가른다

너는 그곳에서
벌써부터 만개했다

*2025년 3월 18일 오후 하동 최참판댁 앞뜰

우리 동네 정평천

광교산 자락 틈을 헤집고
비실비실 쏟아붓는
우리 동네 정평천

봄이면 갈색 오리
꼬물꼬물 새끼들과
마실 다니고

여름이면 물까치
자기 집 욕탕인 양
활개를 친다

가을이면 왜가리
풍성해진 송사리 떼
만찬을 즐기고

겨울이면 동네 꼬마들
썰매와 팽이로
얼음 놀이에 신난다

아침에는 자전거
출근길로 붐비고

낮에는 어르신들 강아지
산책길로 바뀌고

저녁에는 엄마 아빠
손에 손잡고
나들이길로 변한다

1년 365일 변함없이
누구에게나 사랑받는
우리 동네 정평천

장수동 종점

친구는 도심의 끝자락에서
매일 버스에 몸을 태워
캠퍼스를 드나든다

우리도 친구 따라 계절 따라
버스 종점을 드나든다

색깔로 재롱떠는
개나리 진달래 꽃

노인들의 쉼터
동네의 영물
800년 은행나무

달콤한 맛의 잔치
수백 평 딸기밭 오두막

우리는 동네 뒷산에 올라
시원한 바람 맞으며
기타와 노래로 낭만을 즐긴다

40년 만에 다시 찾은
종점에는 우리의
젊음이 녹아 있었다

여명

동쪽 하늘에서 소리 없이
스며드는 한 줄기 빛이
환한 얼굴로 나를 바라본다

투명한 커튼 사이로
차가운 빛이
마루 바닥에 사뿐히 내딛는다.

어항 물속으로 스며드는 빛의 향연에
구피가 서서히 몸을 비틀고
붕어가 꼬리를 요동치기 시작한다

화분이 초록의 눈을 뜨고
선인장 가시가 눈을 뜬다

방구석에서도
거실 소파 위에서도
서재 책장 사이에서도
새벽을 맞이한다

집안 곳곳을
빛으로 두드리며
하루를 깨운다

화개산 모노레일

하늘에 닿을 듯 소나무
양옆에 도열하고

진달래꽃 무더기
부러운 시선으로 훔쳐본다

듬성듬성 진달래는
아침햇살에 밝은 미소 짓고

온통 초록이 깔린 산야에
보랏빛 눈부시다

헐떡헐떡 고바위 오를 땐
힘에 부친 듯

구름 섞인 하늘로
배경을 바꾼다

중턱에 자리 잡은
한 평 남짓한 초가집

연산군은 마지막 두 달
무슨 생각으로 보냈을까

숨 가쁘게 오른 정상
희뿌연 수증기가 우릴 맞고

닿을 듯 말 듯
북쪽의 연백 땅

화성에 인류가 발 디딜 때나
가 볼 수 있으려나

*화개산은 강화군 교동도에 있는 산임.

사이판

여름을 만나러
겨울을 버려 보았다

손주들 만날 생각에
두꺼운 외투도 버렸다

내 젊음의 단편이 묻어 있는
30년 만에 꺼내 본 스노클 장비

바닷속 신비로움에
흥분과 도취의 기억이 모락모락

고이 잊혀져 가던 물건
태평양 한가운데서 나래를 펼쳐 본다

80여 년 전
치열한 전쟁터의 상처가
곳곳에서 묻어난다

얼마나 많은 사람들이
그 아픔을 치유하느라
긴 세월 고통에 시달렸을까

온전히 평화가 자리 잡은 곳에서
우리는 행복과 평안을 느껴 본다

우유니 사막

저녁 어스름
우리는 호수 위에 서 있다

어느새
하늘이 호수 안에 들어와
우리는 하늘 위에도 서 있다

하늘 끝이
호수 끝이 되고

하늘과 호수가 접혀
우리는 둘이 된다

세상은 온통
파랑 빛깔로 눈부시고

땅이 바다인 듯
잔잔하게 고요하다

*우유니 사막은 남미 볼리비아 고산지대에 있는 소금 사막임.

지수승산마을

봄빛 따사로운 햇살이
마을을 여유롭게 감싸안고
물까치 한 마리가
전봇줄에 앉아 우리를 반긴다

구씨 허씨 네의 넉넉한 인심이
곳곳에 묻어 있어
적막이 흐르지만
이불 속같이 포근하다

그때 그 사람들은 사라지고 없는데
이야기꺼리는 남아
후손들에게
훈훈함과 넉넉함을 전해 준다

각박한 세상에
사람 사는 이야기를 들으며

양보와 미덕이 아쉬운 세태에
잔잔한 울림으로 남는다

*지수승산마을은 LG, 삼성, 효성 등 대기업 창업자들이 살던 곳으로 진주시 지수면에 위치하고 있음.
*25년 4월 28일 최정희 진주시 문화해설사 안내

엘리베이터

엘리베이터 문이 열리자
맨 앞 귀퉁이 자리 잡고 좋아했는데

내릴 때는 뒷문이 열렸다

북촌마을

하늘은 몸이 무거워졌나
봄비를 사정없이 내던지고

나는 우산으로
그 무게를 오롯이 감당한다

북촌 11번 골목길에
무게를 나누어 가지려고

어느새
여러 나라 사람이
우산 들고 나타난다

오늘도
북촌 한옥 마을은
그렇게 지탱하고 있다

화동(花童)

꽃을 뿌리며
신부의 앞길을 밝히는
풍습은 사라지고

신랑 신부의 반지를 전하는
꼬맹이 택배기사의
걷는 모습이 앙증스럽다

사뿐사뿐 걸음걸이에
주인공인 신부만큼
하객의 박수와 사랑을 듬뿍 받는다

신랑이 건네준 장난감 선물에
입은 벌어지고

장난감에 몰입되어
퇴장하면서도
하객들 박수에 아랑곳하지 않는다

아이들의 천진난만한 모습으로
결혼식은 더욱 빛이 나고
분위기는 더욱 밝아진다

보석

아내는 코스트코에 가면
제일 먼저 초입에 있는
보석 진열대부터 눈요기합니다

하나 사줄까? 말해도
하나하나 꿰뚫어 보며
자기 것인 양 즐깁니다

우리 집에는
그런 보석이 필요 없다는 걸
아는가 봅니다

아내가
우리 집 진짜 보석이라는 걸
아는가 봅니다

4부 詩 **사랑하기**

동병상련
공감
묘비명(1)
묘비명(2)
마음 껍데기
치유와 회복
부활절 시계
석정보름 우물
귀천
초봄
창경궁 백송
논개
시인대학_사행시(1)
시인대학_사행시(2)

동병상련

비가 내리면
매미 마음도
울적해지나 보다

목청껏 외쳐 울던
소리는 사라지고
빗소리만 허공에 남는다

공감

공부하는 건 어렵지 않으나
점수 잘 받는 건 쉽지 않다

생각하는 건 어렵지 않으나
행동하는 건 쉽지 않다

시간 내는 건 어렵지 않으나
때를 만나는 건 쉽지 않다

산에 오르는 건 어렵지 않으나
내려오는 건 쉽지 않다

용서하는 건 어렵지 않으나
잊혀지는 건 쉽지 않다

몸을 닦는 건 어렵지 않으나
마음을 닦는 것은 쉽지 않다

하루 세 끼 밥 먹는 건
어렵지 않으나
하루 세 번 감사하는 건
쉽지 않다

시를 쓰는 건
어렵지 않으나
시처럼 만드는 건
쉽지 않다

묘비명(1)

여기까지
빙
둘러오느라 애썼다

이제는
빛의 속도로 돌아간다

묘비명(2)

행복을 모르고 왔다가
행복을 깨닫고 돌아간다

사랑을 받으며 왔다가
사랑을 나누어 주며 돌아간다

은혜를 모르고 왔다가
은혜를 듬뿍 받고 돌아간다

말씀에서 나와서
우주의 품으로 돌아가다

마음 껍데기

뭐가 들었길래
알 수도 없고
파악도 할 수 없다

무슨 생각하는지
예측도 안 되고
짐작도 할 수 없다

어디로 튈지
가늠도 안 되고
예상도 할 수 없다

만질 수도 없는 껍데기가
더 단단하고
보이지도 않는 껍데기가
더 오리무중이다

우리는 서로
각자의 껍데기 속에서
자기만의 성을 쌓고 있다

치유와 회복

나무의 상처는
옹이로 거듭나고

상처로 인해
더 단단해진다

조개의 상처는
진주로 거듭나고

상처로 인해
더 아름다워진다

몸과 마음의 상처는
강인함으로 거듭나고

험한 세상에서
살아갈 힘과 용기를 얻는다

영혼의 상처는
믿음으로 거듭나고

예수 구원으로
치유되고 회복된다

우리에게 소중한 건
상처의 아픔을 딛고

부활의 능력으로
세상을 다시 만나는 것이다

부활절 시계

오늘도 무심히
시곗바늘이 돌고 있다

시간의 흐름에 따라
나의 몸도 변해 간다

시침은 몸속의 장기
움직임이 보이지도 않고
변하는 것도 모른다

분침은 피부와 얼굴
한참 보아야
변하는 것을 깨닫는다

초침은 팔과 다리
세월의 흐름 따라
바쁘게 움직인다

3개의 바늘이 조화를 이루면
우리의 정신도 온전해진다

에너지가 고갈되면
초침은 가다 말다 반복하고
멈추어 깔딱깔딱 되면
시계의 운명은 끝이 난다

다시 회복하기 위해서는
새로운 에너지가 필요하고
3개의 바늘이 작동됨으로
온전한 시계로 거듭난다

하나님 구원의 에너지가
우리를 새롭게 변화시키며
부활의 기쁨으로
우리는 새사람으로 태어난다

*2025년 4월 부활절 아침에 벽에 걸려있는 시계를 보며

석정보름 우물

달이 우물과
동무하고 싶어

하늘에서
우물 속에 들어와
지내다 가곤 한다

달이 밝아지면
물도 맑아지고

달이 어두워지면
물도 흐려진다

보름달은
세례를 주고 싶어
물을 맑게 하고

초승달은
칼날로 변하여
박해와 순교의 피로
물을 흐리게 한다

이제는
달과 우물은 절교하고
우물에서 떠나서
하늘에서만 살고 있다

*2025년 5월 1일 북촌마을 석정보름 우물터 방문

*귀천

봄비를 타고
시인의 찻집에 내린다

시인은 문을 통해
숨 쉬고 있고
시인들의 교류를
이끌어 가고 있다

벽에 걸린 글과 그림으로
시인들을 훔쳐보며
차를 음미하는 내내
시인의 감성을 나누어 주고 있다

인사동에는
찻집을 가장한
시인이 살고 있었다

*귀천은 천상병 시인을 기리는 서울 인사동 찻집 이름임.

초봄

봄이 설익었나 보다
아침부터 쌓이지도 않는
눈가루를 뿌린다

떠나보내기 아쉬워서
겨울을 덮어보지만
아스팔트에게 거부당한다

시샘하는 꽃들에게도
겨울은 외면당한다

겨울은 녹아버려서
아름다운 세상을 꽃피운다

누구에게는 겨울이 되고
누구에게는 봄이 된다

창경궁 백송

새색시 꽃가마 타고
궁중으로 시집가는 날

분칠한 얼굴이 너무 예뻐
부러움에 몸을 떠는 소나무

자유도 여유도 없는
구중궁궐 깊은 곳에서

조선의 왕비는
일생을 마친다

백골이 진토 되어 떠나는 날
슬픔에 젖은 소나무

몸을 너무 떨어
껍데기는 벗겨지고

온몸에 새하얗게 분칠하고
헤어짐을 아쉬워하며
가는 길을 전송한다

논개

으스스한 달빛
남강 바위 감싸안고

서늘한 바람
촉석루 성벽을 때린다

왜장의 칼집이
가슴을 아리게 하고

나라를 빼앗기는 설움에
목이 메었으리라

왜장 하나 없어진다고
전세가 뒤집혀지랴

여자의 몸으로
할 수 있는 최상의 일

나라를 살리는 충절은
의암 바위에 새겨져

147년 만에 인정되고
진주의 자랑이 된다

세기를 뛰어넘는
진주 시민의 사랑은

의기 논개가
최하층 계급에서
진주의 자부심으로 거듭난다.

*2025년 4월 27일 진주성 탐방 중 최정희 문화해설사 안내

시인대학_사행시(1)

시/ 시상이 떠오르지 않아
　　무던히 애쓰며 보낸 나날들

인/ 인간부터 되어야 한다는
　　말씀으로 열심히 도전해 본다

대/ 대를 이어갈 가보로 전해줄
　　내 시집이 탄생할 테니

학/ 학사모 쓰고 졸업장 받던
　　그때보다 더 감격스럽지 않을까

시인대학_사행시(2)

시/ 시를 쓰는 게
　　어렵다고 생각했는데
　　막상 도전해 보니
　　쉬울 수도 있겠구나

인/ 인간관계가 어렵다고 생각했는데
　　그 속에 들어가 보니 좋은 사람도 많구나

대/ 대나무처럼 꼿꼿하게
　　자라는 게 어렵다고 생각했는데
　　바른 마음 바른 자세로 살면
　　어질고 곧게 늙어갈 수 있겠구나

학/ 학처럼 고고하게 사는 게
　　어렵다고 생각했는데
　　참 시인의 자세로 시를 쓰면
　　이루어지지 않을까

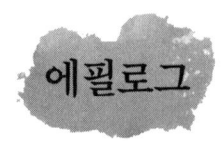

나무가 성장하기 위해서는
햇빛과 비, 바람 등
자연적인 요소들이 도와 주어야 합니다.

태양은 태양계의 리더로
모든 만물의 성장에 직간접적으로 관여하며,
비는 나무에 영양분을 공급하는 통로로,
바람은 꽃씨를 날라주는 역할을 합니다.

박종규 교수님은 열정적인 지도로
태양과 같은 역할을 감당하셨고,
대한민국지식포럼
박명호 회장님과 임동학 명예회장님,
시인대학 선배님들은 아낌없는 지원으로
비와 바람의 역할을 해주셔서,
저희 12기 시인대학 수강생 나무들이
시적 능력을 향상시키고 시인으로서 성장하는데
많은 도움이 된 것 같습니다.

진심으로 감사드리며
대한민국 지식포럼과 시인대학을 통해
훌륭한 문인들이 많이 탄생하기를 기원합니다.

아울러 이번 계기를 통해
저와 제 아내가
계속 성장하는 나무가 되기를 소망해 봅니다.

                    2025년 5월 마지막 주일에
                          시인 한 종 수

초 판 인 쇄	2025년 06월 20일
초 판 발 행	2025년 06월 27일
지 은 이	한 종 수
발 행 처	다담출판기획 TEL : 02)701-0680
	서울시 영등포구 영신로30길 14, 2층
편 집 인	박 종 규
등 록 일	2021년 9월 17일
등 록 번 호	제2021-000156호
I S B N	979-11-93838-48-8 03800
가 격	10,000원

본 책은 지은이의 지적재산이므로 무단전재와 복제를 금합니다.